E-BOOK

• • •

3 em 1

Atraindo a Energia do Dinheiro

Trabalhando online de casa com Marketing Digital

Primeiros passos para iniciar no Marketing Digital

Sócrates Samyaza

Módulo 1: Atraindo a Energia do Dinheiro

Sumário:

Capítulo 1: Compreendendo a Mentalidade de Abundância
1.1. Crenças Limitantes e a Escassez Financeira
1.2. Transformando Crenças Limitantes em Crenças Capacitadoras
1.3. A Importância da Gratidão e do Pensamento Positivo

Capítulo 2: Lei da Atração e o Dinheiro
2.1. Práticas Diárias para Sintonizar a Energia do Dinheiro
2.2. Visualização Criativa para o Sucesso Financeiro

Capítulo 3: Gerenciando suas Finanças com Sabedoria
3.1. Orçamento e Planejamento Financeiro
3.2. Reduzindo Dívidas e Economizando
3.3. Investindo de Forma Inteligente

Módulo 2: Trabalhando Online de Casa com Marketing Digital

Sumário:

Capítulo 1: Introdução ao Marketing Digital
1.1. O Papel da Internet na Atualidade
1.2. Vantagens de Trabalhar Online

Capítulo 2: Identificando seu Nicho de Mercado
2.1. Pesquisa de Mercado e Análise de Concorrência
2.2. Encontrando sua Paixão e Talento
2.3. Definindo seu Público-Alvo

Capítulo 3: Construindo sua Presença Online
3.1. Criando um Site Profissional ou Blog
3.2. A Importância das Redes Sociais no Marketing Digital
3.3. Estratégias para Aumentar sua Autoridade Online

Capítulo 4: Estratégias de Marketing Digital
4.1. Marketing de Conteúdo e SEO (Otimização para Mecanismos de Busca)
4.2. E-mail Marketing e Automação
4.3. Publicidade Online: Google Ads, Facebook Ads e Outras Plataformas

Capítulo 5: Monetização e Geração de Renda Online
5.1. Venda de Produtos Digitais e Físicos
5.2. Programas de Afiliados e Marketing de Afiliados
5.3. Oferecendo Serviços Online

Módulo 3: Primeiros Passos para Iniciar no Marketing Digital

Sumário:

Capítulo 1: Planejando sua Jornada no Marketing Digital
1.1. Definindo Metas Claras e Realistas
1.2. Criando um Plano de Ação
1.3. Aprendendo com Especialistas e Mentores

Capítulo 2: Desenvolvendo Habilidades Essenciais
2.1. Aprendizado Contínuo e Atualização no Mercado
2.2. Desenvolvendo Habilidades de Comunicação e Vendas
2.3. Mantendo-se Motivado e Persistente

Capítulo 3: A Importância do Feedback e Análise de Resultados
3.1. Monitorando seus Esforços de Marketing
3.2. Analisando Métricas e Dados
3.3. Adaptando-se às Mudanças do Mercado

Capítulo I:

Identificar crenças limitantes enraizadas no subconsciente pode ser um processo desafiador, uma vez que essas crenças muitas vezes estão profundamente arraigadas e operam em um nível inconsciente. No entanto, existem algumas técnicas que podem ajudar a trazer essas crenças à luz para que possam ser examinadas e transformadas.

Aqui estão algumas das melhores técnicas para identificar crenças limitantes:

1- Autoconscientização: A autoconscientização é fundamental para identificar crenças limitantes. Isso envolve prestar atenção aos seus pensamentos e emoções quando se trata de dinheiro e finanças. Tente observar os padrões recorrentes de pensamento e as emoções que surgem quando você pensa em dinheiro.

2- Escrita Terapêutica: Escrever sobre suas experiências financeiras e sentimentos associados ao dinheiro pode revelar crenças subjacentes. Mantenha um diário onde você possa expressar suas preocupações e crenças em relação ao dinheiro de forma franca e aberta.

Exemplos de crenças limitantes relacionadas ao dinheiro:

1- **"O dinheiro é a raiz de todo mal"**: Essa crença pode levar alguém a evitar a busca por prosperidade financeira, pois pode associar o dinheiro a coisas negativas ou imorais.

2- **"Eu nunca serei rico"**: Essa crença pode levar ao sentimento de impotência e desistência em relação à possibilidade de alcançar a independência financeira.

3- **"Dinheiro é difícil de conseguir"**: Essa crença pode criar uma mentalidade de escassez, onde a pessoa acredita que sempre será uma luta ganhar dinheiro suficiente.

4- **"Não sou bom o suficiente para ganhar muito dinheiro"**: Essa crença de autoestima limitada pode sabotar a busca por oportunidades de crescimento financeiro.

5- "Não sou uma pessoa de negócios": Essa crença pode impedir alguém de explorar oportunidades empreendedoras ou de desenvolver habilidades no mundo dos negócios.

Lembrando que esses são apenas exemplos gerais, e cada pessoa pode ter crenças únicas relacionadas ao dinheiro. É importante explorar suas próprias crenças pessoais para identificar as limitantes e trabalhar em sua transformação para uma mentalidade de abundância. A autoconscientização e a disposição para refletir são passos importantes para esse processo.

Capítulo I.I:
A mentalidade de escassez financeira pode ter várias consequências negativas que afetam a forma como as pessoas lidam com o dinheiro e suas finanças pessoais.
Aqui estão algumas das principais consequências dessa mentalidade:

1- Procrastinação em tomar decisões financeiras importantes:

Quando alguém possui uma mentalidade de escassez, pode sentir-se paralisado ou incapaz de tomar decisões financeiras importantes. Isso pode acontecer porque a pessoa tem medo de tomar a decisão errada e perder ainda mais dinheiro. A procrastinação nesse contexto pode levar a oportunidades perdidas, como investimentos vantajosos ou negócios promissores.

2- Dificuldade em poupar e investir:

Uma mentalidade de escassez muitas vezes leva a uma atitude de preocupação excessiva com o dinheiro. Como resultado, pode ser difícil para a pessoa poupar dinheiro ou investir em seu futuro financeiro. Em vez de focar em acumular riqueza, a pessoa pode ficar presa em um ciclo de economia excessiva e não conseguir aproveitar oportunidades de crescimento financeiro.

3- **Resistência a arriscar-se:**

A mentalidade de escassez pode fazer com que a pessoa evite correr riscos financeiros, mesmo que sejam calculados e potencialmente lucrativos. A aversão a riscos pode impedir o crescimento financeiro, já que o sucesso muitas vezes está associado a assumir riscos calculados e oportunidades de investimento.

4- **Limitação das oportunidades profissionais:**

A mentalidade de escassez pode afetar a confiança e autoestima da pessoa, levando-a a acreditar que não merece ou não é capaz de alcançar melhores oportunidades profissionais ou salários mais altos. Isso pode resultar em estagnação na carreira e na incapacidade de explorar novos caminhos profissionais.

Como a escassez pode criar um ciclo de dificuldades financeiras e como evitar isso:

A mentalidade de escassez financeira pode levar a um ciclo de dificuldades financeiras devido às seguintes razões:

1- **Crença de que o dinheiro é limitado**: Quando alguém acredita que o dinheiro é escasso e limitado, é mais provável que essa pessoa adote comportamentos de economia excessiva e evite investimentos que poderiam gerar crescimento financeiro.

2- **Tomada de decisões baseadas no medo:** A mentalidade de escassez muitas vezes faz com que as pessoas tomem decisões financeiras movidas pelo medo de perder dinheiro, em vez de considerar oportunidades de investimento ou crescimento

3- **Falta de investimento em si mesmo:** A pessoa com uma mentalidade de escassez pode resistir em gastar dinheiro em educação, treinamento ou desenvolvimento pessoal que poderia melhorar suas habilidades e oportunidades financeiras.

4- **Dificuldade em sair da zona de conforto**: A mentalidade de escassez pode levar à falta de iniciativa para buscar novas oportunidades financeiras e empreendimentos, impedindo o crescimento pessoal e profissional.

Para evitar o ciclo de dificuldades financeiras causado pela mentalidade de escassez, é importante adotar uma mentalidade de abundância e prosperidade. Aqui estão algumas dicas para fazer isso:

1- **Praticar a gratidão:** Reconheça e aprecie as coisas que você já possui e conquistou, em vez de focar no que falta.

2- **Visualizar o sucesso financeiro:** Use a visualização criativa para se ver vivendo uma vida financeiramente próspera e abundante.

3- **Fazer escolhas financeiras conscientes**: Tome decisões financeiras com base em metas claras e informações sólidas, em vez de ser movido pelo medo ou ansiedade.

4- **Investir em educação e desenvolvimento pessoal:** Esteja disposto a investir em si mesmo, adquirindo novas habilidades e conhecimentos que possam abrir portas para oportunidades financeiras.

5- **Acreditar no próprio valor**: Reconheça seu valor e suas capacidades, e saiba que você merece alcançar a prosperidade financeira.

6- **Buscar oportunidades de crescimento financeiro**: Esteja aberto a assumir riscos calculados e explore oportunidades de investimento e empreendedorismo que possam levar a um crescimento financeiro sustentável.

Lembre-se de que mudar a mentalidade de escassez para uma mentalidade de abundância requer tempo e esforço contínuo. A transformação começa com a consciência de suas crenças limitantes e a disposição para adotar uma nova perspectiva em relação ao dinheiro e ao sucesso financeiro.

Capítulo I.II:

Transformar crenças limitantes em crenças capacitadoras requer um processo contínuo de autoconhecimento, autodescoberta e reprogramação mental.

Aqui estão algumas etapas e estratégias para ajudá-lo a realizar essa transformação:

1- **Autoconsciência e Identificação das Crenças Limitantes:**

O primeiro passo é se tornar consciente das crenças limitantes que você possui em relação ao dinheiro e à prosperidade. Observe seus pensamentos e emoções quando se trata de assuntos financeiros. Identifique padrões de pensamentos negativos ou autossabotadores que podem estar prejudicando sua capacidade de prosperar financeiramente.

2- **Questionamento e Reflexão:**

Faça questionamentos poderosos sobre suas crenças limitantes. Pergunte a si mesmo por que você acredita nessas crenças e de onde elas surgiram. Questione a validade dessas crenças e se elas são realmente úteis ou verdadeiras em sua vida atual.

3- Substituição por Crenças Capacitadoras:

Uma vez que você identificou suas crenças limitantes, é hora de substituí-las por crenças capacitadoras. Crie afirmações positivas e encorajadoras que sejam opostas às crenças limitantes que você deseja superar. Essas afirmações devem ser curtas, diretas e afirmativas, como "Eu mereço prosperar financeiramente" ou "Eu sou capaz de criar abundância em minha vida".

4- Repetição e Reprogramação Mental:

Repita essas afirmações diariamente, preferencialmente em momentos de meditação ou relaxamento. A repetição constante ajudará a reprogramar o subconsciente e fortalecer as novas crenças capacitadoras em sua mente.

5- Reforço Positivo:

Reforce suas novas crenças capacitadoras com evidências positivas e exemplos concretos de sucesso financeiro. Procure histórias inspiradoras de pessoas que superaram desafios financeiros e alcançaram a prosperidade. Isso ajudará a fortalecer sua crença de que é possível alcançar seus objetivos financeiros.

6- Envolvimento em Comunidades Positivas:

Cerque-se de pessoas que possuem uma mentalidade de abundância e prosperidade. Participe de comunidades online ou grupos presenciais que compartilham objetivos semelhantes e apoiam o crescimento financeiro mútuo.

7- Práticas de Gratidão:

Cultive uma prática diária de gratidão. Reconheça as bênçãos e conquistas em sua vida financeira atual. A gratidão ajuda a mudar o foco da escassez para a abundância.

8- Trabalho com um Coach ou Terapeuta:

Se você encontrar dificuldades em superar suas crenças limitantes por conta própria, considere trabalhar com um coach financeiro ou terapeuta. Eles podem fornecer orientação, apoio e ferramentas adicionais para ajudar na transformação de suas crenças limitantes.

Lembre-se de que a transformação de crenças limitantes em crenças capacitadoras é um processo contínuo e pode levar tempo. Seja gentil consigo mesmo e seja paciente durante essa jornada de autodescoberta e crescimento. À medida que você se torna mais consciente de suas crenças e trabalha em direção a uma mentalidade de abundância, estará abrindo caminho para alcançar uma vida financeira mais próspera e gratificante.

Capítulo I.III:

A gratidão e o pensamento positivo desempenham papéis significativos no desenvolvimento pessoal, na saúde mental e emocional e na busca por uma vida mais feliz e bem-sucedida.

Aqui estão algumas das principais razões pelas quais a gratidão e o pensamento positivo são importantes:

1- **Bem-estar emocional:** Praticar a gratidão e o pensamento positivo pode melhorar o bem-estar emocional, reduzindo sentimentos negativos, como ansiedade, estresse e depressão. A gratidão ajuda a focar no que está indo bem na vida, enquanto o pensamento positivo concentra-se em ver o lado bom das situações.

2- **Resiliência:** A gratidão e o pensamento positivo fortalecem a resiliência emocional, tornando mais fácil enfrentar desafios e adversidades. Essas práticas proporcionam uma perspectiva mais otimista e esperançosa em relação ao futuro, permitindo lidar melhor com momentos difíceis.

3- Relacionamentos interpessoais:

Expressar gratidão e ter uma atitude positiva pode fortalecer os relacionamentos interpessoais. Pessoas gratas tendem a ser mais apreciadas e valorizadas, o que ajuda a construir laços mais profundos e significativos com os outros.

4- Autoestima:
O pensamento positivo e a gratidão também podem melhorar a autoestima, aumentando a confiança e o senso de autossuficiência. Quando somos gratos pelas nossas realizações e qualidades, reforçamos uma imagem mais positiva de nós mesmos.

5- Foco no presente:
A gratidão e o pensamento positivo incentivam a atenção plena e o foco no presente. Isso ajuda a reduzir a preocupação excessiva com o passado ou ansiedade em relação ao futuro, permitindo aproveitar o momento presente com mais plenitude.

6- **Saúde física:** Estudos mostram que a gratidão e o pensamento positivo estão associados a benefícios para a saúde física. Pessoas que praticam a gratidão tendem a ter níveis mais baixos de estresse, o que pode beneficiar o sistema cardiovascular e imunológico.

7- **Atração de mais coisas positivas:** O pensamento positivo e a gratidão têm a capacidade de atrair mais coisas positivas para nossas vidas. Quando focamos no que é bom e agradecemos por isso, criamos uma vibração positiva que pode atrair mais oportunidades e experiências positivas.

8- **Resposta ao estresse:** Praticar a gratidão e o pensamento positivo pode ajudar a atenuar a resposta ao estresse. Em situações estressantes, uma mentalidade positiva pode ajudar a enfrentar desafios com mais clareza e equilíbrio emocional.

Em suma, a gratidão e o pensamento positivo são poderosas ferramentas para melhorar o bem-estar emocional, fortalecer relacionamentos, aumentar a resiliência e desenvolver uma mentalidade mais saudável e otimista. Integrar essas práticas em sua vida diária pode levar a uma maior felicidade, satisfação e realização pessoal.

Capítulo II:

A Lei da Atração é uma filosofia que sugere que nossos pensamentos, emoções e energias estão em constante interação com o universo e têm a capacidade de atrair experiências e circunstâncias semelhantes em nossas vidas. Em outras palavras, aquilo em que você concentra sua atenção e energia tende a se manifestar em sua realidade.

Quando se trata de dinheiro, a Lei da Atração tem relação direta com a forma como pensamos e sentimos sobre o dinheiro, bem como com nossas crenças e expectativas relacionadas à abundância financeira.

Algumas das principais conexões entre a Lei da Atração e o dinheiro incluem:

1- **Foco na Abundância:** A Lei da Atração ensina que, ao focar nossos pensamentos e emoções na abundância financeira e nas possibilidades de ganhar mais dinheiro, estaremos mais propensos a atrair oportunidades que nos levem a alcançar esse objetivo. Pensar em termos de abundância e riqueza, em vez de escassez e falta, cria uma vibração positiva que atrai coisas positivas em nossa vida financeira.

2- **Visualização Criativa:** A visualização criativa é uma técnica da Lei da Atração que envolve imaginar-se vivendo a realidade desejada. Ao visualizar-se desfrutando de prosperidade financeira e alcançando metas financeiras, você está enviando uma mensagem ao universo de que está pronto e aberto a receber mais dinheiro e oportunidades financeiras.

3- **Agradecer pelo que se tem:** A gratidão é um elemento fundamental da Lei da Atração e tem um papel importante na relação com o dinheiro. Ao ser grato pelo dinheiro que já possui, pelas oportunidades financeiras que surgem e pelas realizações financeiras alcançadas, você está enviando uma mensagem de apreciação e positividade, o que pode atrair mais coisas para serem gratas em sua vida financeira.

4- **Eliminação de Crenças Limitantes:** A Lei da Atração destaca a importância de identificar e eliminar crenças limitantes que possam estar bloqueando a prosperidade financeira. Ao trabalhar para transformar crenças negativas sobre dinheiro em crenças capacitadoras e positivas, você abre espaço para atrair mais abundância em sua vida.

5- **Ação Alinhada:** A Lei da Atração enfatiza que, além de pensar e sentir positivamente em relação ao dinheiro, é importante agir de acordo com essas intenções. Ações alinhadas com seus objetivos financeiros, como buscar novas oportunidades de negócios, investir em si mesmo ou poupar dinheiro, são cruciais para atrair a prosperidade financeira.

É importante notar que a Lei da Atração não é apenas sobre desejar dinheiro e esperar que ele apareça magicamente. Ela envolve uma abordagem holística em que suas intenções, pensamentos, emoções e ações estão alinhados para criar uma mentalidade positiva e atrair oportunidades financeiras. Lembre-se de que a prática da Lei da Atração exige comprometimento, paciência e consistência para gerar resultados positivos em sua vida financeira.

Capítulo II.I:

Aqui estão algumas práticas diárias que podem ajudá-lo a sintonizar a energia do dinheiro e criar uma mentalidade mais próspera:

1- **Gratidão Financeira:** Reserve alguns minutos todas as manhãs ou à noite para expressar gratidão pelo dinheiro em sua vida. Seja grato pelas suas conquistas financeiras, pela renda que você tem, pelos recursos disponíveis e pelas oportunidades financeiras que estão por vir. A gratidão cria uma vibração positiva em relação ao dinheiro.

2- **Afirmações Positivas:** Crie afirmações positivas relacionadas ao dinheiro e repita-as diariamente. Por exemplo: "Eu sou próspero e abundante", "Eu atraio oportunidades financeiras em minha vida" ou "Eu sou digno de prosperidade financeira". As afirmações ajudam a reprogramar sua mente para acreditar na abundância.

3- **Visualização Criativa**: Reserve alguns minutos todos os dias para visualizar-se vivendo uma vida financeiramente próspera. Veja-se alcançando seus objetivos financeiros, desfrutando de uma segurança financeira e prosperando em todas as áreas financeiras. A visualização ajuda a fortalecer sua conexão emocional com seus objetivos.

4- **Planejamento Financeiro:** Faça um plano financeiro e estabeleça metas claras. Reserve tempo para revisar suas metas diariamente e visualize-se alcançando cada uma delas. O planejamento financeiro o ajudará a ter uma visão clara de suas finanças e a tomar decisões financeiras mais conscientes.

5- **Acompanhamento de Gastos:** Mantenha o controle de seus gastos diariamente. Isso o manterá ciente de como você está gastando seu dinheiro e o ajudará a fazer ajustes quando necessário para economizar mais ou investir melhor.

6- **Práticas de Generosidade**: Pratique a generosidade doando uma parte do seu dinheiro ou tempo para causas que você apoia. A generosidade envia uma mensagem ao universo de que você tem o suficiente e está disposto a compartilhar com os outros, o que pode atrair mais abundância em sua vida.

7- **Eliminação de Crenças Limitantes:** Fique atento a crenças limitantes sobre o dinheiro e desafie-as diariamente. Sempre que uma crença negativa surgir, substitua-a por uma crença capacitadora e positiva. A transformação das crenças é essencial para sintonizar uma energia mais positiva em relação ao dinheiro.

8- **Acompanhamento de Progresso:** Revise seu progresso financeiro diariamente. Celebre suas vitórias e conquistas financeiras, por menores que sejam. Acompanhar seu progresso o manterá motivado e ajudará a direcionar sua energia para continuar crescendo financeiramente.

Lembre-se de que a prática diária é fundamental para criar uma mudança duradoura em sua mentalidade financeira. Com o tempo, essas práticas podem ajudá-lo a sintonizar uma energia mais positiva em relação ao dinheiro, atrair mais oportunidades financeiras e alcançar uma vida financeira mais próspera. Seja consistente e dedicado em suas práticas e esteja aberto para receber o que o universo tem para lhe oferecer.

Capítulo II.II:

A visualização criativa é uma técnica poderosa para atrair sucesso financeiro e criar uma mentalidade mais próspera.

Aqui está um passo-a-passo para você realizar uma visualização criativa para o sucesso financeiro:

1- **Escolha um Momento Calmo**: Encontre um local tranquilo onde você possa ficar relaxado e sem interrupções. Isso pode ser em casa, em um parque ou em qualquer lugar onde você se sinta confortável.

2- **Relaxamento:** Antes de começar a visualização, reserve alguns minutos para relaxar seu corpo e mente. Faça algumas respirações profundas e solte qualquer tensão que possa estar sentindo.

3- **Visualize-se em Detalhes:** Agora, feche os olhos e comece a visualizar-se vivendo uma vida financeiramente bem-sucedida. Imagine-se alcançando seus objetivos financeiros, desfrutando de abundância e prosperidade.

4- **Detalhes Específicos**: Torne a visualização o mais detalhada possível. Imagine-se vivendo em uma casa dos seus sonhos, dirigindo o carro que sempre quis, viajando para destinos exóticos ou alcançando marcos financeiros significativos. Veja cores, ouça sons e sinta as emoções envolvidas.

5- **Emoções Positivas:** Enquanto visualiza, concentre-se nas emoções positivas associadas ao sucesso financeiro. Sinta-se feliz, grato e realizado com suas conquistas. Quanto mais você sentir as emoções positivas, mais poderosa será a visualização.

6- **Use Afirmações:** Durante a visualização, repita afirmações positivas relacionadas ao sucesso financeiro. Por exemplo: "Eu sou próspero e abundante", "Eu atraio oportunidades financeiras em minha vida" ou "Eu sou digno de prosperidade financeira". As afirmações ajudam a reforçar sua intenção e a reprogramar sua mente para acreditar na possibilidade de sucesso financeiro.

7- **Visualize Objetivos Específicos:** Além de visualizar o sucesso financeiro geral, reserve um tempo para visualizar a realização de objetivos financeiros específicos. Veja-se conquistando um novo emprego, recebendo um aumento salarial, fazendo um investimento bem-sucedido ou pagando dívidas importantes. A visualização de objetivos específicos torna a prática mais direcionada e eficaz.

8- **Gratidão:** Ao finalizar a visualização, expresse gratidão pelo sucesso financeiro que você visualizou. Agradeça ao universo por conceder a você essa realidade próspera e esteja aberto para receber tudo o que está por vir.

Repita essa visualização criativa para o sucesso financeiro diariamente ou sempre que sentir necessidade. Quanto mais consistente você for com essa prática, mais poderosa ela se tornará. A visualização criativa ajuda a fortalecer sua conexão emocional com seus objetivos financeiros, tornando-os mais tangíveis e alcançáveis. Além disso, ela o coloca em um estado mental positivo e receptivo, que é propício para atrair oportunidades financeiras e realizar seus sonhos de sucesso financeiro.

Capítulo III:

Gerenciar as finanças com sabedoria é essencial para garantir a estabilidade financeira e alcançar seus objetivos financeiros.

Aqui estão algumas dicas importantes para ajudá-lo a administrar suas finanças de forma inteligente:

1- **Crie um Orçamento**: Elabore um orçamento detalhado que inclua todas as suas receitas e despesas. Isso permitirá que você tenha uma visão clara de onde seu dinheiro está sendo gasto e onde você pode fazer ajustes para economizar ou investir melhor.

2- **Estabeleça Metas Financeiras:** Defina metas financeiras claras e alcançáveis. Determine o que você deseja conquistar, como economizar para uma emergência, pagar dívidas, fazer uma viagem ou investir em um negócio. Ter metas financeiras claras o manterá motivado e focado em suas prioridades.

3- **Poupe Regularmente:** Faça economias uma prioridade e reserve uma parte de sua renda regularmente para poupar. Crie uma conta de poupança específica para suas metas financeiras e automatize transferências para tornar o processo mais fácil e consistente.

4- **Evite Dívidas Desnecessárias:** Evite assumir dívidas desnecessárias e use o crédito com responsabilidade. Antes de fazer uma compra parcelada ou obter um empréstimo, avalie se é realmente necessário e se você pode pagar as parcelas sem comprometer sua estabilidade financeira.

5- **Elimine Dívidas:** Se você tiver dívidas pendentes, concentre-se em pagá-las o mais rápido possível. Crie um plano de pagamento para quitar suas dívidas, priorizando aquelas com taxas de juros mais altas.

6- **Esteja Atento aos Gastos:** Monitore seus gastos regularmente e esteja ciente de onde seu dinheiro está sendo utilizado. Identifique áreas onde você pode reduzir gastos desnecessários e fazer ajustes para viver dentro de suas possibilidades.

7- Invista em Educação Financeira: Dedique tempo para aprender sobre finanças pessoais e investimentos. Quanto mais você souber sobre o assunto, mais preparado estará para tomar decisões financeiras inteligentes.

8- Diversifique Investimentos: Ao investir, diversifique suas aplicações para minimizar riscos. Considere diferentes tipos de investimentos, como ações, títulos, imóveis e fundos mútuos.

9- Tenha um Fundo de Emergência: Reserve uma parte do seu dinheiro em um fundo de emergência para lidar com situações inesperadas, como despesas médicas ou reparos de emergência.

10- **Reavalie Regularmente:** Revise seu orçamento e metas financeiras regularmente. À medida que sua situação financeira muda, é importante ajustar suas estratégias e objetivos.

Lembre-se de que gerenciar as finanças com sabedoria requer disciplina, planejamento e perseverança. Seja paciente com o processo e esteja disposto a fazer ajustes quando necessário. Com práticas financeiras sólidas, você estará no caminho certo para alcançar a estabilidade financeira e construir um futuro financeiro mais seguro e próspero.

Capítulo III.I:

Fazer um orçamento e planejamento financeiro eficiente é fundamental para ter controle sobre suas finanças e alcançar seus objetivos financeiros.

Aqui está um guia passo a passo para ajudá-lo a criar um orçamento e planejamento financeiro sólido:

1- **Coleta de Dados Financeiros**: Reúna informações sobre sua renda, despesas e dívidas. Obtenha extratos bancários, recibos, faturas de cartão de crédito e outras informações financeiras relevantes para ter uma visão completa de sua situação financeira atual.

2- **Determine sua Renda Mensal:** Calcule sua renda mensal líquida, ou seja, o valor que você recebe após deduções de impostos e outras contribuições. Inclua todas as fontes de renda regular, como salário, renda de aluguel, freelancing, entre outras.

3- **Liste suas Despesas:** Registre todas as suas despesas mensais, categorizando-as em itens essenciais (moradia, alimentação, transporte) e itens não essenciais (lazer, entretenimento, compras). Use extratos bancários e recibos para ter um registro preciso.

4- **Estabeleça Metas Financeiras:** Defina metas financeiras específicas e realistas para curto, médio e longo prazo. Isso pode incluir criar uma reserva de emergência, pagar dívidas, fazer uma viagem, economizar para aposentadoria, entre outros objetivos.

5- **Faça um Orçamento:** Com base em sua renda e despesas, crie um orçamento mensal. Alocar sua renda para diferentes categorias de despesas, incluindo suas metas financeiras, ajudará você a ter uma noção clara de como seu dinheiro está sendo utilizado.

6- **Priorize suas Despesas**: Priorize suas despesas essenciais e suas metas financeiras antes de gastar em itens não essenciais. Isso ajudará a garantir que você esteja economizando e investindo para alcançar seus objetivos financeiros.

7- **Monitore e Ajuste:** Acompanhe seus gastos regularmente para garantir que você esteja seguindo o orçamento estabelecido. Faça ajustes conforme necessário para evitar ultrapassar o limite de gastos em determinadas categorias.

8- **Reserve para Emergências:** Certifique-se de reservar uma parte do seu orçamento para um fundo de emergência. Esse fundo será usado para lidar com despesas inesperadas ou situações de crise.

9- **Economize e Invista:** Sempre que possível, reserve uma parte de sua renda para poupar e investir. Crie uma conta de poupança para suas metas financeiras de curto prazo e considere investir em instrumentos financeiros para metas de longo prazo.

10- **Seja Realista e Flexível:** Seja realista sobre suas finanças e não se esqueça de que mudanças imprevistas podem ocorrer. Se algum mês você ultrapassar o orçamento, não se preocupe. Ajuste o plano para o próximo mês e continue seguindo suas metas financeiras.

Lembre-se de que fazer um orçamento e planejamento financeiro requer disciplina e compromisso. Fique comprometido com suas metas e ajuste seu plano conforme necessário à medida que sua situação financeira evolui. Com um planejamento financeiro bem estruturado, você estará no caminho certo para alcançar a estabilidade financeira e conquistar seus objetivos financeiros.

Capítulo III.II:

Reduzir dívidas e economizar são metas financeiras importantes para alcançar uma maior estabilidade financeira e construir um futuro mais seguro.

Aqui estão algumas estratégias eficazes para ajudá-lo a reduzir suas dívidas e economizar dinheiro:

1- **Avalie suas Dívidas:** Faça uma lista de todas as suas dívidas, incluindo o valor total devido, as taxas de juros e os prazos de pagamento. Isso ajudará você a ter uma visão clara de sua situação financeira e a priorizar as dívidas que requerem atenção imediata.

2- **Crie um Orçamento**: Elabore um orçamento detalhado que inclua todas as suas receitas e despesas. Identifique áreas onde você pode reduzir gastos não essenciais e direcione a economia resultante para o pagamento de dívidas e economias.

3- **Priorize Pagamento de Dívidas:** Priorize o pagamento de dívidas com as taxas de juros mais altas. Pague o valor mínimo em todas as dívidas, mas direcione o máximo possível de recursos para liquidar a dívida com a maior taxa de juros primeiro. Isso reduzirá os custos financeiros em juros ao longo do tempo.

4- **Negocie Taxas de Juros:** Se possível, entre em contato com seus credores para negociar taxas de juros mais baixas em suas dívidas. Taxas de juros mais baixas significam pagamentos mensais menores e um caminho mais rápido para a quitação da dívida.

5- **Consolidação de Dívidas:** Considere consolidar suas dívidas em um único empréstimo com uma taxa de juros mais baixa. Isso pode facilitar o gerenciamento de suas dívidas e economizar em custos de juros.

6- Evite Novas Dívidas: Enquanto trabalha para reduzir suas dívidas existentes, evite assumir novas dívidas desnecessárias. Evite o uso excessivo de cartões de crédito e, se fizer uma compra parcelada, certifique-se de poder pagar as parcelas sem comprometer seu orçamento.

7- Crie um Fundo de Emergência: Reserve uma parte de sua renda para um fundo de emergência. Isso o ajudará a enfrentar despesas inesperadas sem recorrer a empréstimos ou cartões de crédito.

8- Automatize Poupança: Configure transferências automáticas para uma conta de poupança. Economizar regularmente ajuda a criar uma reserva para alcançar metas financeiras e lidar com emergências.

9- **Busque Oportunidades de Aumento de Renda:** Considere maneiras de aumentar sua renda, como procurar um emprego adicional, trabalhar como freelancer ou monetizar hobbies e habilidades.

10- **Seja Persistente:** Reduzir dívidas e economizar dinheiro requer disciplina e paciência. Mantenha-se persistente em suas metas e continue seguindo seu plano financeiro, mesmo quando enfrentar desafios.

Lembre-se de que a jornada para reduzir dívidas e economizar dinheiro pode ser um processo gradual, mas consistente. Com o tempo, suas dívidas diminuirão e suas economias crescerão, proporcionando maior segurança financeira e liberdade para alcançar seus objetivos.

Capítulo III.III:

Investir dinheiro de forma inteligente é fundamental para aumentar seu patrimônio e alcançar seus objetivos financeiros.

Aqui está um guia detalhado para ajudá-lo a investir com sabedoria:

1- **Educação Financeira:** Antes de começar a investir, invista em sua própria educação financeira. Entenda os conceitos básicos de investimentos, os diferentes tipos de ativos, os riscos envolvidos e as estratégias de investimento. Há muitos livros, cursos online e recursos disponíveis para aprender sobre o assunto.

2- **Estabeleça Metas Financeiras:** Determine seus objetivos financeiros específicos. Eles podem incluir economizar para a aposentadoria, comprar uma casa, pagar a educação dos filhos ou alcançar a independência financeira. Suas metas ajudarão a orientar suas decisões de investimento.

3- **Avalie sua Tolerância ao Risco:** Entenda sua tolerância ao risco. Investimentos têm diferentes níveis de risco, e você precisa estar confortável com a possibilidade de perdas temporárias. Avalie seu perfil de investidor e escolha investimentos alinhados com seu nível de conforto.

4- **Diversificação:** Não coloque todos os ovos em uma cesta. Diversifique seus investimentos em diferentes tipos de ativos, como ações, títulos, imóveis e fundos mútuos. A diversificação ajuda a reduzir o risco geral da carteira.

5- **Comece com Investimentos Simples:** Se você é novo em investimentos, comece com opções mais simples e de baixo risco, como fundos mútuos ou ETFs (Exchange Traded Funds). Essas opções são gerenciadas por profissionais e podem oferecer diversificação instantânea.

6- **Entenda os Custos:** Esteja ciente das taxas e custos associados aos investimentos. Taxas mais altas podem reduzir seus retornos ao longo do tempo. Escolha opções com baixos custos operacionais e taxas.

7- **Invista Regularmente:** A prática de investir regularmente, conhecida como "investir mensalmente", é uma estratégia eficaz chamada de "dollar-cost averaging". Isso significa que você investe a mesma quantia de dinheiro em intervalos regulares, independentemente das flutuações do mercado. Essa estratégia ajuda a reduzir o impacto do mercado volátil e a construir uma carteira de longo prazo.

8- **Monitore seus Investimentos:** Acompanhe regularmente o desempenho de seus investimentos. Faça ajustes quando necessário, mas evite tomar decisões emocionais com base em flutuações de curto prazo.

9- **Mantenha-se Atualizado:** Esteja ciente das mudanças econômicas e do mercado que podem afetar seus investimentos. Fique atualizado com as notícias financeiras e busque orientação profissional, se necessário.

10- **Pense a Longo Prazo:** O investimento inteligente é uma jornada de longo prazo. Seja paciente e continue investindo consistentemente para colher os benefícios do crescimento composto ao longo do tempo.

Lembre-se de que o investimento envolve riscos e não há garantia de retornos positivos. Sempre faça sua própria pesquisa, busque aconselhamento profissional se necessário e esteja preparado para tomar decisões informadas em relação aos seus investimentos. O investimento inteligente é uma combinação de educação, paciência, disciplina e adaptação contínua ao longo do tempo.

www.ingramcontent.com/pod-product-compliance
Lightning Source LLC
Chambersburg PA
CBHW062126220526
45471CB00010B/3905